ENTIENDE TU
MENTE y Tu Cuerpo

Obesidad

Kit Caudron-Robinson

Explora otros libros en:
WWW.ENGAGEBOOKS.COM

VANCOUVER, B.C.

e WWW.ENGAGEBOOKS.COM

Este libro no pretende reemplazar el consejo de un profesional de la salud ni de ser una herramienta para el diagnóstico. Es un medio educativo para ayudar a los niños a entender por lo que ellos u otras personas están pasando.

LIBRARY AND ARCHIVES CANADA CATALOGUING IN PUBLICATION

Title: Obesity: Understand Your Mind and Body Level 3 reader / K Caudron-Robinson
Names: Kit Caudron-Robinson 1996- author

Identifiers: Canadiana (print) 20200308874 | Canadiana (ebook) 20200308912
ISBN 978-1-77476-974-4 (hardcover)
ISBN 978-1-77476-975-1 (softcover)
ISBN 978-1-77476-977-5 (pdf)
ISBN 978-1-77476-976-8 (epub)
ISBN 978-1-77878-113-1 (audio)

Subjects:
LCSH: Obesity—Juvenile literature.
LCSH: Obesity in children—Juvenile literature.

Classification: LCC BF723.A4 J66 2023 | DDC J152.4/7—DC23

This project has been made possible in part by the Government of Canada.

Canada

Índice

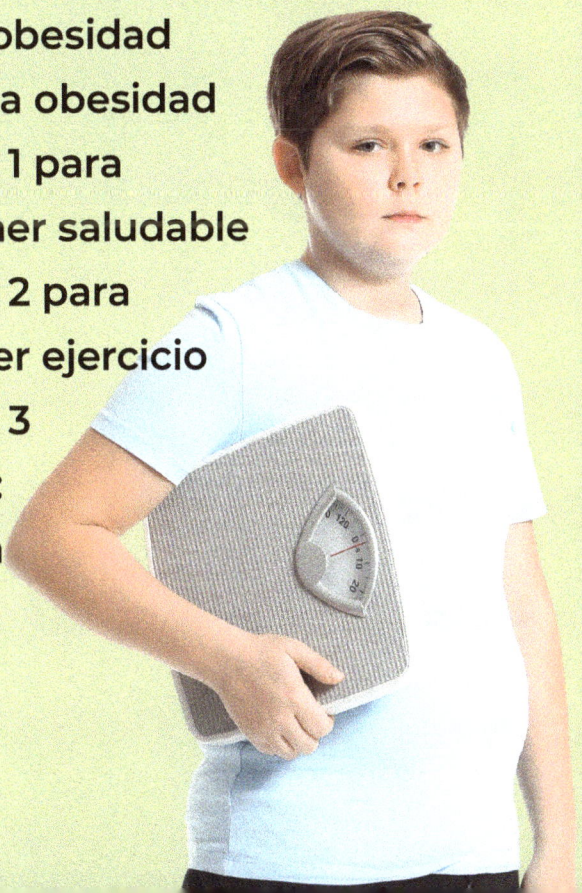

¿Qué es la obesidad?

La obesidad es una afección médica **crónica**. Sucede cuando alguien tiene más grasa en su cuerpo de lo que es saludable. Todos tienen algo de grasa en su cuerpo, pero demasiada puede causar problemas de salud.

PALABRA CLAVE

Crónica: Algo que dura por mucho tiempo.

La obesidad causa más de 4 millones de muertes cada año en todo el mundo.

Algunas personas solo tienen un poco de grasa adicional en sus cuerpos. Esto se llama estar con sobrepeso. La obesidad significa que una persona tiene mucha grasa extra en su cuerpo.

Un médico realizará pruebas para averiguar si alguien tiene grasa extra en su cuerpo.

¿Qué causa la obesidad?

La obesidad puede ser **genética**. Los niños con padres obesos tienen más probabilidades de desarrollar obesidad. Algunas enfermedades y medicamentos también pueden causar obesidad.

PALABRA CLAVE

Genética: Rasgos que se heredan de un miembro de la familia a otro.

No hacer suficiente ejercicio o no comer alimentos saludables también puede llevar a la obesidad. Algunas personas pueden encontrar difícil hacer ejercicio al aire libre porque no tienen suficiente espacio verde cercano. Algunas personas no pueden encontrar alimentos saludables donde viven o no tienen suficiente dinero para comprarlos.

Los desiertos alimentarios son lugares en las ciudades donde es difícil encontrar alimentos frescos.

¿Cómo afecta la obesidad a tu cerebro?

La **corteza prefrontal** es la parte del cerebro que se utiliza para la memoria, la toma de decisiones y el control de los pensamientos y las emociones. A veces, la obesidad puede dificultar el funcionamiento normal de esta área. Las personas pueden tener problemas para pensar, recordar o planificar.

Corteza Prefrontal

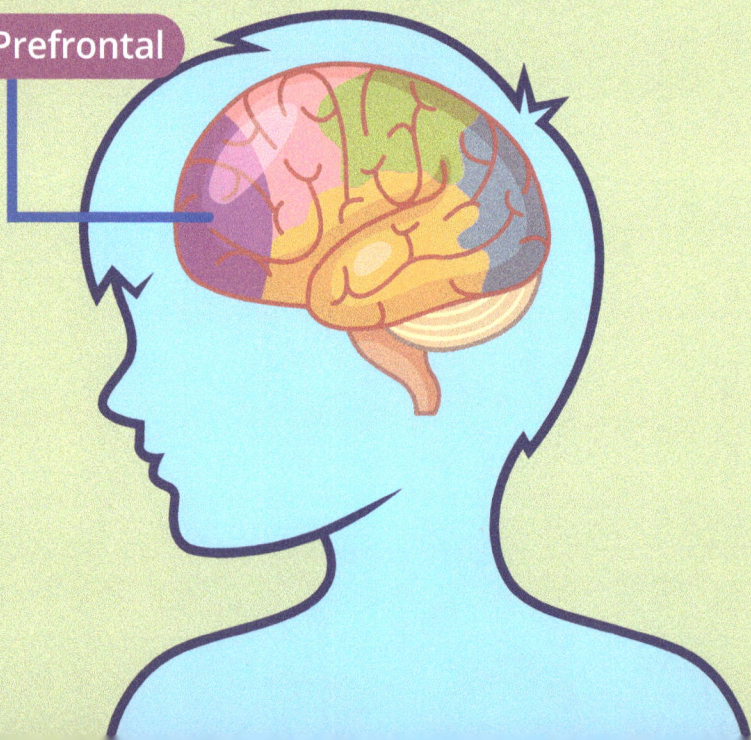

La obesidad también afecta la salud mental. Puede causar **ansiedad**. Las personas pueden preocuparse de que estén siendo juzgadas por su peso.

PALABRA CLAVE

Ansiedad: sentimientos de preocupación y miedo que son difíciles de controlar.

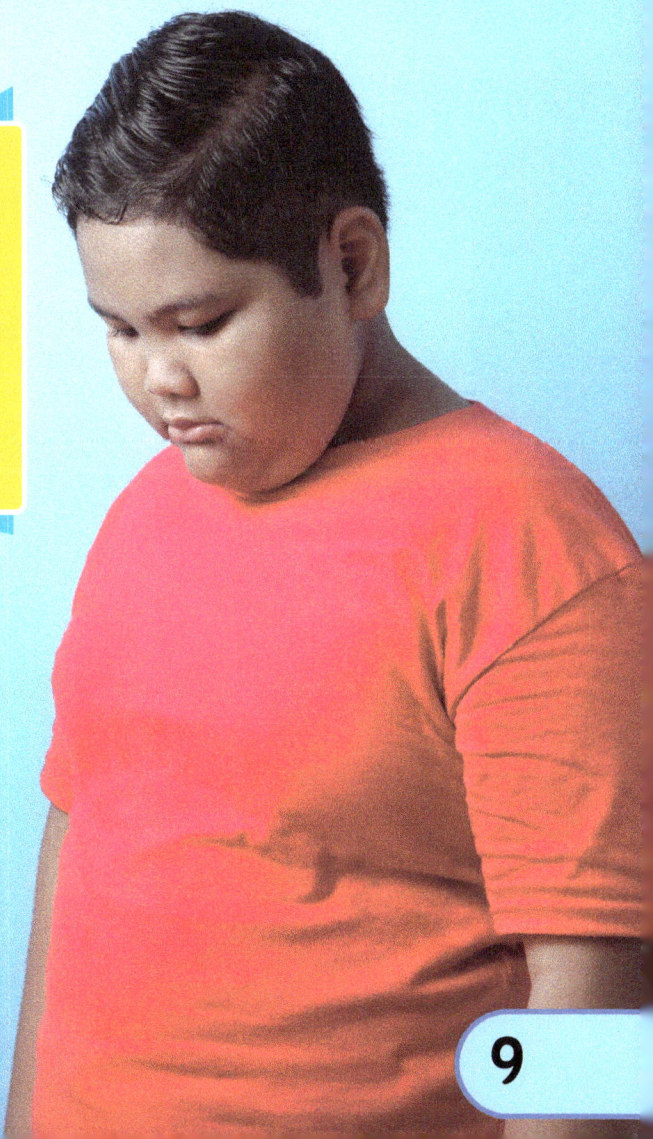

¿Cómo afecta la obesidad a tu cuerpo?

El peso extra puede ser perjudicial para los huesos y las **articulaciones** de las personas. Pueden llegar a dañarse. La obesidad también puede causar problemas respiratorios.

PALABRA CLAVE

Articulaciones: lugares en el cuerpo donde se encuentran dos o más huesos.

Algunas personas con obesidad tienen problemas para dormir.

La obesidad puede llevar a problemas de salud como enfermedades cardíacas, diabetes y algunos tipos de cánceres. La obesidad es la principal causa de la **diabetes** en las personas. Llegar a un peso saludable puede reducir las posibilidades de tener estos problemas.

PALABRA CLAVE

Diabetes: una enfermedad crónica que afecta la cantidad de azúcar en la sangre de una persona.

¿Qué es el prejuicio por peso?

El prejuicio por peso significa tratar mal a las personas basándose en estereotipos sobre la obesidad. Los estereotipos son creencias injustas o falsas sobre una persona o un grupo de personas. Los estereotipos sobre la obesidad incluyen la creencia de que las personas con obesidad son perezosas o no quieren cambiar.

Estar con sobrepeso u obesidad es la principal razón por la que los niños son acosados.

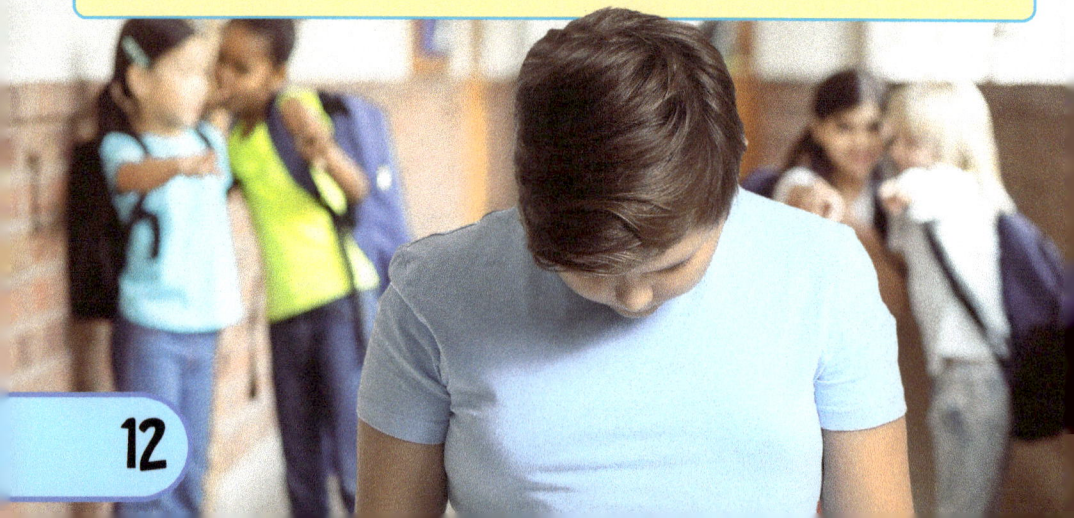

Algunos médicos con prejuicio por peso pueden no darle a una persona obesa la atención médica que necesita. Piensan que todos los problemas de una persona obesa son debido a su peso. A veces, no creen que alguien que está con sobrepeso u obeso pueda estar saludable.

Las personas obesas a menudo evitan buscar atención médica debido al prejuicio por el peso.

¿Puede desaparecer la obesidad?

Si la obesidad es causada por un problema genético, puede ser muy difícil lidiar con ella. Muy pocas personas pierden peso y lo mantienen. El éxito debe medirse en salud, no en pérdida de peso.

Los médicos que estudian la obesidad prefieren usar el término "gestión del peso" en lugar de "pérdida de peso."

Los cambios en el **estilo de vida** pueden mejorar el bienestar de algunas personas con obesidad. Comer alimentos saludables como frutas y verduras puede proporcionar energía y mantenerlos saludables. El ejercicio también ayuda en esto.

PALABRA CLAVE

Estilo de vida: la forma en cómo alguien vive.

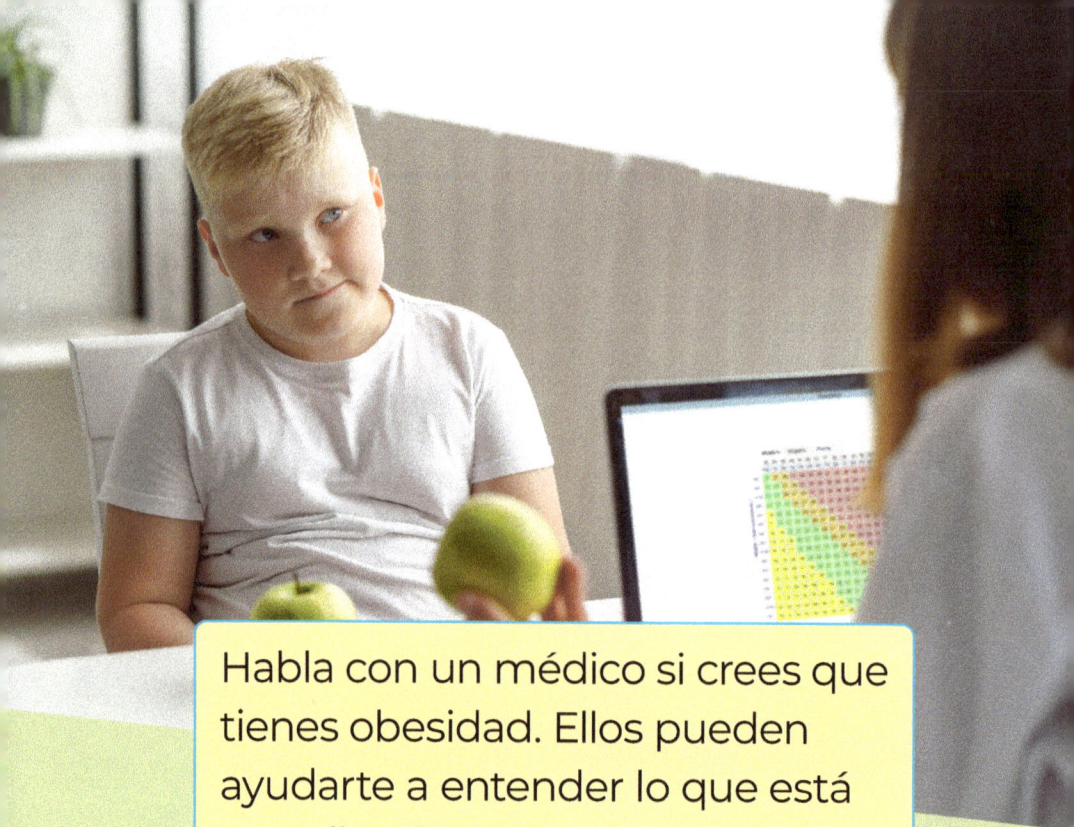

Habla con un médico si crees que tienes obesidad. Ellos pueden ayudarte a entender lo que está sucediendo en tu cuerpo.

Pedir ayuda

Pedir ayuda puede dar miedo, pero es un paso importante para volverse más saludable. Un médico puede ayudarte. Tus amigos y familiares pueden **motivarte**.

PALABRA CLAVE

Motivar: dar a alguien razones para trabajar hacia una meta.

"Creo que podría tener obesidad y quisiera hablar con un médico al respecto."

"Me gustaría comer alimentos más saludables. ¿Puedes ayudarme a encontrar alimentos saludables para comer?"

"Necesito ser más activo. ¿Quieres ser mi compañero de ejercicio?"

¿Cómo ayudar a otros con obesidad?

No puedes solucionar la obesidad de alguien más, pero puedes apoyar los cambios que están tratando de hacer. Asegúrate de que tu amigo sepa que es amado por lo que es, no por cuánto pesa.

Sé un compañero de ejercicio
Jueguen deportes o naden juntos. A veces, hacer ejercicio es más divertido con un amigo.

Comparte alimentos saludables

Pídele a un adulto que se asegure de que haya bocadillos saludables en casa si tienes a un amigo que te está visitando. Incluso pueden aprender a hacer una receta saludable juntos.

Anímalos

Animar a alguien significa hacerlos sentir que pueden alcanzar su objetivo. Hazle saber a tu amigo que crees en él. Celebra con ellos cuando alcancen pequeñas metas.

La Historia de la Obesidad

La obesidad ha existido durante mucho tiempo. Los científicos han encontrado estatuas de mujeres obesas hechas hace más de 20,000 años atrás. La más famosa se llama la Venus de Willendorf. Algunas personas creen que estas estatuas muestran que la obesidad era **valorada** en ese momento.

PALABRA CLAVE

Valorada: considerada importante.

En la antigua Grecia y Roma, los médicos creían que comer cantidades más pequeñas podría ayudar con la obesidad. También pensaban que la obesidad se podía combatir dando un paseo por la mañana y corriendo por la noche. Algunos médicos creían que los baños calientes podían ayudar.

Se vendieron muchas curas falsas para la obesidad en el siglo XIX. Estas incluían ropa de goma y cremas que las personas podían aplicarse en el cuerpo. Algunas personas pensaban que bañarse en agua fría podría curar la obesidad.

Superhéroes de la obesidad

A algunas personas no les gusta hablar sobre su peso. A otras sí. Aquí hay algunos superhéroes de la obesidad que han hablado abiertamente sobre su peso y su salud.

John Goodman pesaba casi 400 libras en 2007. Le dijeron al actor que iba a tener diabetes. Comenzó a tener una dieta saludable y a hacer ejercicio seis días a la semana. Para 2021, había perdido 200 libras.

Comer cantidades más saludables de alimentos es una gran parte del plan de dieta de Goodman.

El actor **Arjun Kapoor** ha luchado contra la obesidad desde que era niño. Ha perdido mucho peso, y está trabajando duro para mantenerse saludable. Él cree que salir a caminar es una de las mejores cosas que las personas pueden hacer por su salud.

Mo'Nique es una actriz y comediante que ha luchado con su peso durante años. Comenzó a hacer ejercicio y a comer de manera diferente y se siente su cuerpo más saludable. Sabe que su tamaño no importa, pero su salud sí.

Consejo Número 1 para la obesidad: Comer saludablemente

Trata de comer muchas frutas y verduras. Estos alimentos tienen muchos **nutrientes** saludables. Elige cereales integrales para sentirte lleno más rápido y así comer menos. El arroz integral y la quinua son excelentes opciones.

PALABRA CLAVE

Nutrientes: sustancias en los alimentos que ayudan a las personas, animales y plantas a vivir y crecer.

Come mucha **proteína**. El pollo, el pescado, los frijoles y las nueces te ayudarán a sentirte lleno. Come comidas pequeñas a lo largo del día. Esto ayuda a mantener tus niveles de energía durante todo el día.

PALABRA CLAVE

Proteína: una sustancia que se encuentra en plantas y animales que ayuda a mantener los músculos y otras partes del cuerpo saludables.

Intenta añadir limón o frutas a tu agua en lugar de tomar bebidas azucaradas.

Consejo Número 2 para la obesidad: Hacer ejercicio

Elige actividades que te diviertan. Comienza poco a poco. Está bien comenzar con solo unos minutos al día. El entrenamiento con pesas ayuda a aumentar tu **metabolismo**.

PALABRA CLAVE

Metabolismo: la forma en que nuestro cuerpo convierte los alimentos en energía.

Prueba algo que no hayas hecho antes. Recuerda escuchar a tu cuerpo. Tómate descansos cuando los necesites.

No olvides beber mucha agua!

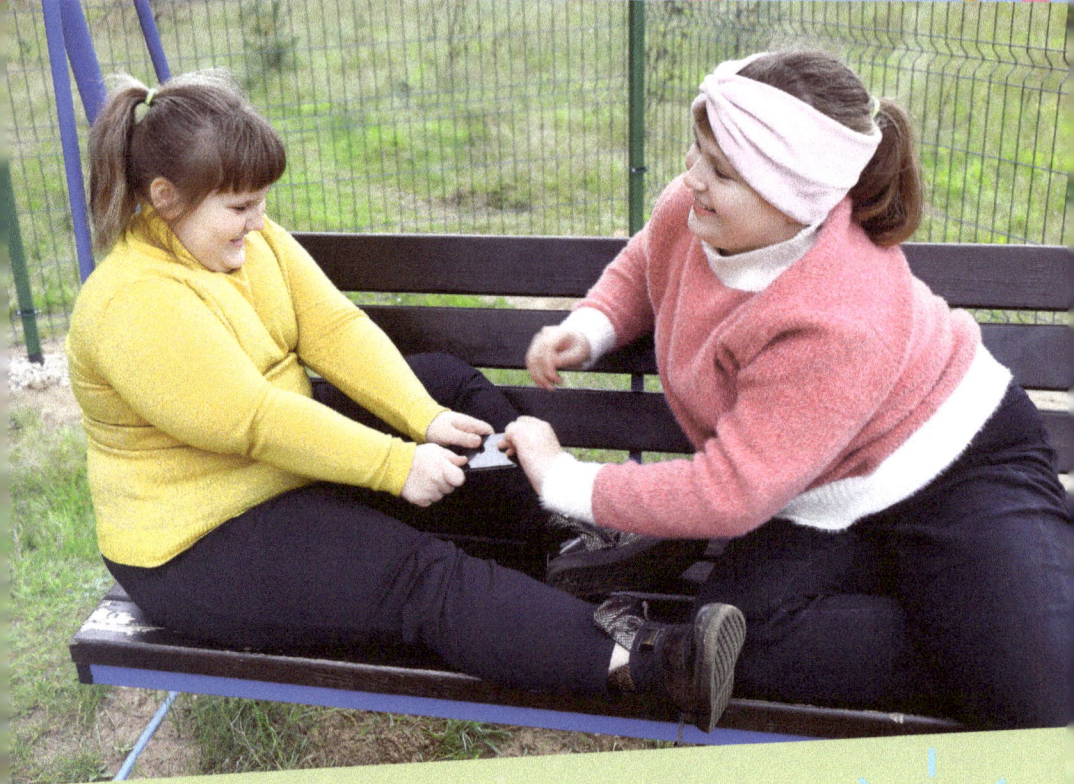

Consejo Número 3 para la obesidad: Relacionarse con los Demás

Relacionarse con otras personas que tienen obesidad puede ser útil. Ellos pueden ofrecer su apoyo. Las comunidades en línea pueden darte consejos y sugerencias.

Encuentra un compañero de entrenamiento. Tener a un amigo a tu lado será de gran ayuda. Habla con tu médico sobre el apoyo en tu comunidad.

Cuestionario

Pon a prueba tus conocimientos sobre la obesidad respondiendo las siguientes preguntas. Las preguntas están basadas en lo que has leído en este libro. Las respuestas están listadas en la parte inferior de la siguiente página.

1 ¿Cuántas muertes causa la obesidad cada año?

2 ¿Qué son los desiertos alimentarios?

3 La obesidad afecta a la salud mental?

4 Cuál es la razón número uno por la que las personas desarrollan diabetes?

5 ¿Qué es el prejuicio por peso?

6 Qué término prefieren usar los doctores que estudian la obesidad en lugar de "pérdida de peso"?

Explore Other Level 3 Readers.

TDAH

Ansiedad

Asma

Diabetes

Dislexia

Imagen Corporal

Obesidad

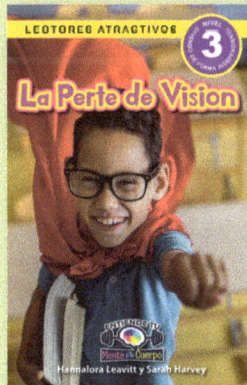
La Perte de Vision

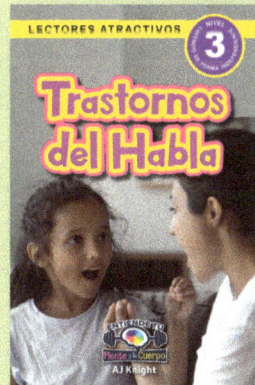
Trastornos del Habla

Visita www.engagebooks.com/readers

www.ingramcontent.com/pod-product-compliance
Lightning Source LLC
Chambersburg PA
CBHW051238020426

42331CB00016B/3436